Inhalt

Rohstoffmärkte - lang anhaltende Hausse und verlockende Anlagemöglichkeiten

Kernthesen

Beitrag

Fallbeispiele

Zahlen und Fakten

Weiterführende Literatur

Impressum

Rohstoffmärkte - lang anhaltende Hausse und verlockende Anlagemöglichkeiten

Autor GENIOS BranchenWissen: A.Schneider

Kernthesen

- Die Rohstoffmärkte erleben seit fünf Jahren eine Hausse, da einem enormen Nachfrageschub auf den Weltmärkten eine Angebotsflaute gegenübersteht.
- Zu den Marktsegmenten zählen die Edelmetalle wie Gold und Silber, die Industriemetalle wie Kupfer und Zink, die agrarischen Rohstoffe wie Weizen, Mais, Kaffee, Zucker und die Energierohstoffe wie Rohöl und Erdgas.
- Zu den Giganten der Rohstoffbranche zählt

das Trio aus den breit aufgestellten anglo-australischen Konzernen BHP Billiton, Rio Tinto und Anglo American.
- Aktuellster Fall im Branchenkonsolidierungsprozess ist der amerikanische Bergbaukonzern Phelps Dodge, der voraussichtlich für 40 Mrd. Dollar die kanadischen Unternehmen Inco und Falconbridge übernimmt.
- Kapitalanlegern bieten sich vielfältige Anlagemöglichkeiten wie zum Beispiel Goldbarren, Goldmünzen, Aktien von Rohstoffproduzenten, Einzelaktien, Rohstofffonds, Rohstoffzertifikate.

Beitrag

Die Rohstoffmärkte erleben eine lang anhaltende Hausse. In den letzten fünf Jahren vervierfachte sich der Kupferpreis, Gold erreichte im Mai ein Vierteljahrhundert-Hoch, der Ölpreis legte in den vergangenen zwölf Monaten 30 Prozent zu und die agrarischen Rohstoffe haben ihren Höhepunkt wohl noch längst nicht erreicht.

Nachfrageschub trifft auf

Angebotsflaute

Rohstoffhändler müsste man sein - dann könnte man sich eine goldene Nase verdienen! Denn Banken zeigen sich derzeit äußerst spendabel, was die Gehälter der raren Spezies Rohstoff-Trader anbelangt und garantieren sogar Bonus-Pakete für zwei oder drei Jahre im Voraus. Gordon Gecko (alias Michael Douglas in Wall Street) und Sherman McCoy (alias Tom Hanks in Im Fegefeuer der Eitelkeiten) waren gestern, die neuen Stars an den Finanzmärkten sind Rohstoffhändler, heißen beispielsweise Olav Refvik und George Beau Taylor und verdienen jährlich wohl über 10 Millionen Dollar. (1)

Die explodierenden Gehälter für Rohstoffhändler sind eine Folge des gegenwärtigen Booms auf den Rohstoffmärkten. Seit gut fünf Jahren klettern die Preise für Rohstoffe unaufhaltsam nach oben. Und die Prognosen sind auch für die nächsten Jahre tendenziell positiv.
Der zugrunde liegende Mechanismus ist simpel: eine steigende Nachfrage trifft auf ein stagnierendes Angebot. Expandierende Volkswirtschaften wie China legen einen enormen Rohstoffhunger an den Tag. Preistreibend wirkt auch der Einstieg von Hedge-Fonds in die Rohstoffmärkte und ihr dortiges spekulatives Engagement. Das Angebot kann jedoch in vielen Bereichen so schnell nicht mithalten. In den

vergangenen Jahren wurde zu wenig in die Rohstoff-Gewinnung investiert. Dies gilt vor allem für Agrarprodukte und Metalle wie Eisen, Kupfer oder Gold. Deren Produktion kann nicht von heute auf morgen ausgeweitet werden. Bis etwa eine neue Mine erschlossen ist, dauert es sieben bis acht Jahre. (2)

Branche konsolidiert sich

Zu den Giganten der Rohstoffbranche zählt das Trio BHP Billiton, Rio Tinto Group und Anglo American. Es handelt sich hier um breit aufgestellte anglo-australische Konzerne, die fast alle industriellen Rohstoffe anbieten.
Die globale Übernahmewelle sucht auch die Rohstoffbranche heim. Hier werden verstärkt mittelgroße Anbieter aktiv. Dank der anhaltenden Rohstoffhausse sind die Kassen der Unternehmen prall gefüllt. Das Ziel ist, die eigenen Lagerstätten angesichts der boomenden Nachfrage aus Schwellenländern wie China oder Indien möglichst schnell zu erweitern. 2006 gab es bereits Firmenübernahmen im Volumen von 135 Milliarden Dollar (2005: 39 Mrd. Dollar). Aktuellster Fall ist der amerikanische Bergbaukonzern Phelps Dodge, der für 40 Mrd. Dollar die kanadischen Unternehmen Inco und Falconbridge übernimmt.

Rohstoffmärkte im Einzelnen

Edelmetalle

Edelmetalle wie Gold, Silber und Platin profitieren einerseits vom steigenden Lebensstandard in China und Indien, der sich auch in zunehmenden Schmuckkäufen niederschlägt. Auf der anderen Seite gilt gerade Gold nach wie vor als sicherer Hafen, in den sich angesichts der erneut eskalierenden Nahost-Krise geflüchtet wird. Anleger konnten im ersten Halbjahr 2006 mit Silber und Gold zweistellige Renditen erzielen. (3)

Industriemetalle

Die Preise für Kupfer, Zink, Zinn oder Nickel steigen inzwischen seit über 50 Monaten unaufhaltsam in die Höhe und hatten im Mai neue Rekordhöhen erreicht.

Das meistgehandelte Industriemetall ist Kupfer. Die weltweit größten Kupfervorkommen gibt es in Chile, den USA, Russland, Sambia, Kanada und Peru. Der größte Kupferförderer ist Chile mit dem Marktführer Codelco (chilenischer Staatskonzern), gefolgt von Indonesien und den USA. In Europa wird Kupfer in Polen, Portugal und Schweden gefördert. (4) China tritt als massiver Nachfrager in Erscheinung. Denn China arbeitet daran, seine Stromversorgung auszubauen und benötigt dafür Kupfer für Turbinen, Kabel und Drähte. Der Kupferpreis hatte sich seit Anfang des Jahres noch mal mehr als verdoppelt, hat allerdings jüngst rund 25% verloren. Ab 2007 wird jedoch mit einer Entspannung der Marktsituation gerechnet, da dann die Minen mit neuem Angebot auf den Markt kommen werden. (5)

Zink wird häufig zur Herstellung kostengünstiger Gussteile verwendet. Es wird in vielen Branchen benötigt: in der Kfz-Industrie, im Maschinen- und Apparatebau, dem Baubeschlag, der Sanitärindustrie, der Feingeräte- und Elektrotechnik bis hin zu Gebrauchsgegenständen und Spielzeugen. Abgebaut wird Zink hauptsächlich in China, Peru, Australien, Kanada, USA, Japan und Südafrika. In Europa gibt es noch aktive Zinkminen in Irland, Polen, Finnland, Bulgarien, Spanien und Schweden. (6)

Auch bei Zinn ist der jährliche Bedarf wachsend und die Preise somit steigend. Zinn wird zu etwa 35% für Lote, zu etwa 30% für Weißblech und zu etwa 30% für Chemikalien und Pigmente eingesetzt. Durch die

Umstellung der Zinn-Blei-Lote auf bleifreie Lote mit Zinnanteilen > 95 % wird der jährliche Bedarf um etwa 10% zulegen. Die bedeutendste Fördernation für Zinn ist China, gefolgt von Peru und Bolivien. In Europa sind Portugal und Spanien als größte Zinnproduzenten zu nennen. Zu den größten Zinnverbrauchern weltweit zählen nach China auf Platz 1 die Länder USA, Japan und Deutschland. (7)

Nickel ist ein bedeutendes Legierungsmetall, das zur Stahlveredelung verwendet wird. Gegenwärtig werden weltweit jährlich zwischen 500 000 und 900 000 Tonnen gefördert. Doch das reicht nicht aus, um die Nachfrage zu befriedigen. In diesem Jahr werden auf dem Weltnickelmarkt etwa 30 000 Tonnen fehlen. Die größten Nickelproduzenten sind Russland (23,4% der Weltproduktion) mit dem Marktführer GMK Norilsk, Australien (17%), Kanada (12,7%), Neu Kaledonien (8,7%) und Indonesien (8%). (8)

Agrarprodukte

Als Agrarlieferant der Weltwirtschaft gilt Südamerika. Viele südamerikanische Unternehmen haben in diversen Agrargütermärkten exzellente Marktpositionen. Allerdings sind bisher nur wenige der Unternehmen börsennotiert, viele sind nach wie vor Familienunternehmen. Die Bedeutung südamerikanischer Farmunternehmen auf dem Weltmarkt steigt bereits sichtbar, wie das Beispiel Cosan, dem inzwischen größten Zuckerexporteur der Welt, eindrucksvoll demonstriert.

Bei den agrarischen Rohstoffen ist der Höhepunkt wohl noch längst nicht erreicht. Weizen, Mais, Sojabohnen gelten noch als tendenziell unterbewertet. Mit dem Anstieg der Weltbevölkerung steigt die Nachfrage nach Lebensmitteln. Der wachsende Wohlstand in den Schwellenländern führt auch dazu, dass die Menschen dort mehr essen und sich bewusster ernähren. Auf den Weltmärkten steigt die Nachfrage nach Getreide wie Mais, Soja und Weizen ebenso wie die nach Genussmitteln wie Zucker, Kaffee und Kakao.

Mais, Raps und Zucker werden darüber hinaus davon profitieren, dass aus ihnen Treibstoff gewonnen werden kann. Und dies ist längst kein Geheimnis mehr. In den USA wird Ethanol aus Mais, in Europa wird Biodiesel aus Raps hergestellt.
Und Brasilien beispielsweise deckt seit längerem einen Großteil seines Benzinbedarfs mit Ethanol aus Zuckerrohr ab. Mehr als 70 Prozent der verkauften Neufahrzeuge sind dort mit so genannten Flexi-Fuel-Motoren ausgestattet. An der Zapfsäule kann der Kunde entscheiden, ob er nur mit Benzin, mit einem

Ethanol-Benzin-Gemisch oder nur mit Ethanol fahren will. Die Zuckerraffinierien können ihre Produktion innerhalb von Stunden von Zucker auf Ethanol umstellen, je nach Bedarf und Nachfrage. (9)
Kein Wunder also, dass der Zuckermarkt floriert. Im vergangenen Jahrzehnt wurde Zucker mit durchschnittlich zehn US-Cent pro Pfund auf dem Weltmarkt gehandelt. Inzwischen notiert der Zuckerterminkontrakt bereits bei rund 17 Cent, ein weiterer Anstieg auf 40 Cent wird vorhergesagt.

Die Preise auf den Märkten für Agrarprodukte schwanken zum Teil erheblich. Auch entwickeln sich die einzelnen Märkte natürlich unterschiedlich. Sie reagieren sensibel auf Wetterbedingungen und auf politische Entwicklungen in den Anbaugebieten. So stieg kürzlich der Preis für Kakao auf den höchsten Stand seit 16 Monaten. Zurückgeführt wurde dies unter anderem darauf, dass sich die Furcht breit machte, dass die Kakao-Exporte der politisch stark gespaltenen Cote dIvoire - des weltgrößten Kakaoproduzenten - durch die anstehenden Präsidentschaftswahlen unterbrochen werden könnten.
Die Preise für Kaffee haben hingegen in den letzten Wochen eingebüßt und einen Preiseinbruch von über 15% erlitten. Denn: Scheint in Brasilien, dem weltgrößten Erzeugerland für Kaffee, die Sonne überdurchschnittlich gut, sorgt das für prächtige

Ernteaussichten, das Angebot steigt und prompt geben die Preise für Kaffee nach.
Auch die Getreidemärkte folgten nicht durchgängig dem generellen Rohstofftrend. Mais, Soja und Winterweizen mussten in den vergangenen Wochen Kursverluste hinnehmen. (5)

Energieträger

Bei den Energieträgern Rohöl und Erdgas zeigen die Trends weiterhin nach oben. Die aktuellen Konflikte im Nahen Osten haben die Ölpreise auf neue Rekordstände getrieben. Der Preis für ein Barrel der Nordseesorte Brent sprang an der Londoner Rohstoffbörse in der Spitze auf einen Rekordwert von 78,18 Dollar.
Und die Autofahrer kennen es ja schon: Der Sommerurlaub naht und Benzin wird teurer. Am vergangenen Freitag waren die Kraftstoffpreise zum zweiten Mal innerhalb von 24 Stunden um drei Cent je Liter gestiegen. Ein Liter Superbenzin kostete im bundesweiten Durchschnitt 1,43 Euro und Diesel 1,20 Euro. Der Dieselpreis erreichte damit wieder seinen absoluten Höchststand vom September 2005. (10)

Vielfältige lukrative Anlagemöglichkeiten, aber auch etliche Risiken

Wer am Rohstoffboom teilhaben möchte, dem bieten sich inzwischen vielfältige Anlagemöglichkeiten. Tradition hat der Kauf von Goldbarren oder Goldmünzen. Gold gilt ebenso wie Öl als krisensicher. Doch die Anleger können ihr Kapital auch in Aktien von Rohstoffproduzenten, Rohstofffonds oder direkt in einzelne Rohstoffe investieren. Eine andere Variante für Privatanleger sind Rohstoffzertifikate. Durch diese Form der Verbriefung von Terminkontrakten können Investoren an der Entwicklung einzelner Rohstoffe, eines Rohstoff-Korbes oder von Rohstoffindizes teilhaben. Die Produkte werden an Derivatebörsen wie der Stuttgarter Euwax oder dem entsprechenden Segment in Frankfurt gehandelt. Anleger, die hohe Risiken nicht scheuen, können sich über Derivate wie Futures und Optionen engagieren.

Wie sich die Kurse der verschiedenen Rohstoffe entwickeln, lässt sich an zwei Barometern ablesen, dem Goldman Sachs Commodity Index (GSCI) und dem CRB-Index des Commodity Research Bureau. Der GSCI spiegelt die Entwicklung der 25 wichtigsten

Rohstoffe und Waren wider. Sie werden nach der Welthandelsproduktion der letzten fünf Jahre gewichtet. Für einzelne Rohstoffmärkte hat Goldman Sachs entsprechende Unterindizes entwickelt. Der CRB-Rohstoffindex enthält 17 Komponenten, darunter Weizen, Kaffee, Zucker, Gold, Rohöl und Kupfer. (2)

Natürlich gilt auch bei den Rohstoffanlagen: kein Profit ohne Risiko. Zum Beispiel das Währungsrisiko. Denn Rohstoffe werden überwiegend in Dollar gehandelt. Sackt dieser ab, können Investoren aus der Euro-Zone Währungsverluste erleiden. Auch folgt nicht jedes Anlageinstrument exakt der Preisentwicklung des Rohstoffes. Bei Aktien etwa hängt der Kurs nur teilweise vom Rohstoffpreis ab. Außerdem sind wie gesagt vor allem die agrarischen Rohstoffmärkte stark wetterfühlig. Meldungen über unerwartet gute oder schlechte Ernten resultieren in abrupten Preisänderungen. Der Rohstoffmarkt ist noch nicht optimal transparent und Rohstoff-Informationen teilweise schwer zu bekommen. Doch mit dem wachsenden Angebot an Rohstoffinvestments wie Zertifikaten nimmt die Zahl der Informationsanbieter zu. Und schließlich ist China als wichtiger Entwicklungsfaktor nicht zu unterschätzen. China ist einer der größten Abnehmer von Rohstoffen. Sollte sich seine Nachfrage verlangsamen, wird sich das auf die Preise an den

Rohstoffmärkten entsprechend auswirken.

Wer rechtzeitig wissen will, ob die Preisblase auf den Rohstoffmärkten demnächst vielleicht doch platzt, sollte vor allem die englische Premier League im Fußball ganz genau im Blick behalten. Denn Expertenuntersuchungen haben gezeigt, dass die meisten Börsenblasen außerhalb der eigentlichen Finanzmärkte von zahlreichen, ziemlich verrückten Übertreibungen begleitet wurden. Und in der genannten Fußballliga werden inzwischen für Sechzehnjährige aus einer tieferen Liga Ablösesummen von 10 bis 30 Mio. Fr. gezahlt werden. Eine deutlichere Warnung kann es kaum geben. (11)

Fallbeispiele

Phelps Dodge

Phelps Dodge ist ein amerikanischer Bergbaukonzern, derzeit gelistet auf Rang 12 der Bergbaukonzerne mit einem Unternehmenswert von rund 18 Milliarden

Dollar. [Abb.1]
Er will nun für 40 Milliarden Dollar die kanadischen Unternehmen Inco und Falconbridge übernehmen. Damit hat Phelps Dodge seinen Schweizer Rivalen Xstrata, den weltweit größten Lieferanten von Kraftwerkskohle, überboten.
Gelingt die Übernahme, steigt das Unternehmen zum fünftgrößten Bergbaukonzern gemessen am Firmenwert auf. Phelps Dodge wäre dann der größte Nickelproduzent der Welt und der zweitgrößte Anbieter von Kupfer, Molybdän (ein Mineral zu Stahlhärtung) und Kobalt.
Das neue Unternehmen beschäftigt 40 000 Mitarbeiter und ist in 40 Ländern vertreten. (12), (13)

Cosan

Ein Beispiel für die aufstrebenden Agrargüterkonzerne Südamerikas ist Cosan. Bis vor kurzem war der brasilianische Zuckerkonzern nur Brancheninsidern ein Begriff. Doch das brasilianische Familienunternehmen war in den letzten Jahren sehr aktiv und kaufte eine brasilianische Plantage und Mühle nach der anderen. Jetzt ist der Konzern der größte Zuckerexporteur der Welt und ging als weltweit erster Agrokonzern seit langem an die Börse. (14)

Zahlen & Fakten

Top 14 Bergbaukonzerne nach Unternehmenswert 2005

Rang	Unternehmen	in Milliarden Dollar *
1	BHP Billiton	138
2	Rio Tinto	82
3	Anglo American	72
4	CVRD	66
5	Shenhua	39
6	Alcoa	38
7	Xstrata	31
8	Norilsk	26
9	Alcan	26
10	Anglo Platinum	22
11	Falconbridge	21
12	Phelps Dodge**	18
13	Inco	15
14	Teck	12

* Unternehmenswert: Börsenwert plus Nettofinanzschulden

** vor der Übernahme von Falconbridge und Inco

Quelle: Xstrata

Entnommen aus: Frankfurter Allgemeine Zeitung, 18.05.2006, S. 16

Weiterführende Literatur

(1) Rohstoffhändler sind heute fünfmal mehr wert als vor sechs Jahren
aus Tagesanzeiger vom 07.06.2006 Seite 28

(2) Satte Rendite aus dem Boden
aus Handelsblatt Nr. 130 vom 10.07.06 Seite 32

(3) Zweistellige Renditen mit Gold und Silber
aus Frankfurter Allgemeine Zeitung, 04.07.2006, Nr. 152, S. 21

(4) O.V., Kupfer, www.wikipedia.de
aus Frankfurter Allgemeine Zeitung, 04.07.2006, Nr. 152, S. 21

(5) Rohstoffe: Start der Wettermärkte in den USA – Volatile Zeit für Agrargüter Auf die Hausse folgt die Korrektur
aus Finanz und Wirtschaft, Seite 11

(6) O.V., Zink, www.wikidia.de
aus Finanz und Wirtschaft, Seite 11

(7) O.V., Zinn, www.wikipedia.de
aus Finanz und Wirtschaft, Seite 11

(8) O.V., Nickel, www.wikipedia.de
aus Finanz und Wirtschaft, Seite 11

(9) Zucker für Zocker
aus DIE ZEIT Nr.29

(10) Experten: Ölpreis könnte 100 Dollar je Barrel erreichen

aus Giessener Anzeiger vom 18.07.2006

(11) Die Geschichte der Börsen und ihrer Krisen – Sieben wiederkehrende Phasen – Übertreibungen als Warnsignal Wenn die Hausse zur Blase wird
aus Finanz und Wirtschaft, Seite 28

(12) Megafusion in der Rohstoffbranche
aus Handelsblatt Nr. 121 vom 27.06.06 Seite 1

(13) Phelps schmiedet Nickelkonzern US-Bergbaukonzern verleibt sich in größter Fusion der Branche kanadische Rivalen ein
aus Financial Times Deutschland vom 27.06.2006, Seite 3

(14) Am Agrarboom verdienen
aus Handelsblatt Nr. 134 vom 14.07.06 Seite 28

Impressum

Rohstoffmärkte - lang anhaltende Hausse und verlockende Anlagemöglichkeiten

Bibliografische Information der deutschen Nationalbibliothek

Die Deutsche Nationalbibliothek verzeichnet diese Publikation in der deutschen Nationalbibliografie; detaillierte bibliografische Daten sind im Internet über http://dnb.d-nb.de abrufbar.

ISBN: 978-3-7379-2331-6

© 2015 GBI-Genios Deutsche Wirtschaftsdatenbank GmbH, Freischützstraße 96, 81927 München, www.genios.de

Alle Rechte vorbehalten. Dieses Werk ist einschließlich aller seiner Teile – z.B. Texte, Tabellen und Grafiken - urheberrechtlich geschützt. Jede Verwertung außerhalb der Grenzen des Urheberrechtsgesetzes bedarf der vorherigen Zustimmung des Verlags. Dies gilt insbesondere auch für auszugsweise Nachdrucke, fotomechanische

Vervielfältigungen (Fotokopie/Mikroskopie), Übersetzungen, Auswertungen durch Datenbanken oder ähnliche Einrichtungen und die Einspeicherung und Verarbeitung in elektronischen Systemen.